AF221754

Impressum
Verlag: BABADADA GmbH, Nedderfeld 112 , 22529 Hamburg
Geschäftsführer / Verlagsleitung: Harald Hof
Druck: Books on Demand GmbH, In de Tarpen 42, 22848 Norderstedt

Imprint
Publisher: BABADADA GmbH, Nedderfeld 112 , 22529 Hamburg, Germany
Managing Director / Publishing direction: Harald Hof
Print: Books on Demand GmbH, In de Tarpen 42, 22848 Norderstedt

sekolahan
colegio

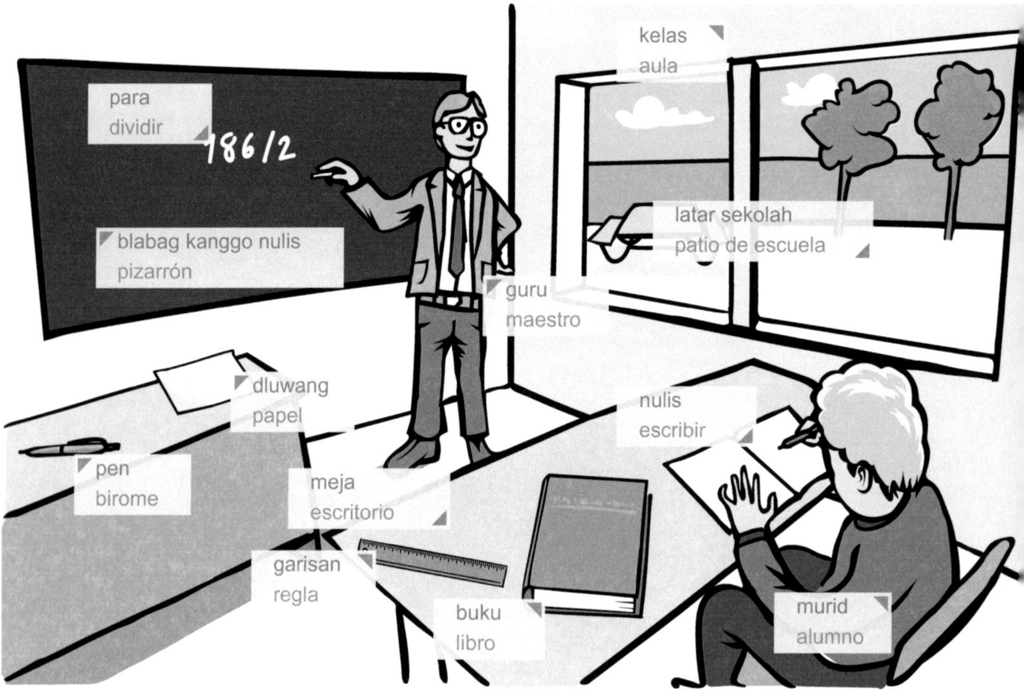

kelas
aula
para
dividir
186/2
blabag kanggo nulis
pizarrón
latar sekolah
patio de escuela
guru
maestro
dluwang
papel
nulis
escribir
pen
birome
meja
escritorio
garisan
regla
buku
libro
murid
alumno

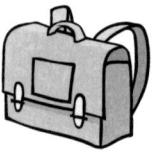

tas sekolah

mochila

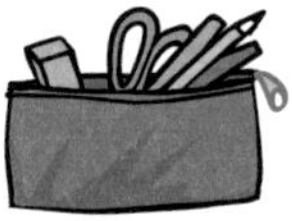

tepak potlot

caja de lápices

potlot

lápiz

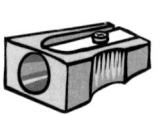

orotan potlot

sacapuntas

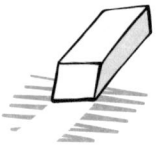

setip

goma (de borrar)

lemek nggambar

bloc de dibujo

gambar

dibujo

kuwas

pincel

tepak cat nggambar

caja de pinturas

gunting

tijera

lem

pegamento

buku latihan soal

cuaderno de ejercicios

pakaryan omah

tarea

angka

número

2+2

tambah

sumar

5-2

suda

restar

ping

multiplicar

itung

calcular

aksara

letra

abjad

abecedario

tembung

palabra

teks

texto

maca

leer

kapur

tiza

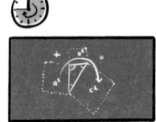

wulangan

lección

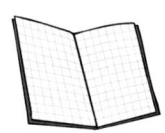

dhaptar

cuaderno de clase

ujian

examen

sertipikat

certificado

sragam sekolah

uniforme escolar

pendhidhikan

educación

ensiklopedia

enciclopedia

universitas

universidad

mikroskop

microscopio

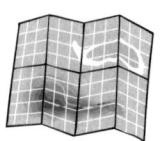

peta

mapa

kranjang larahan

tacho (de basura)

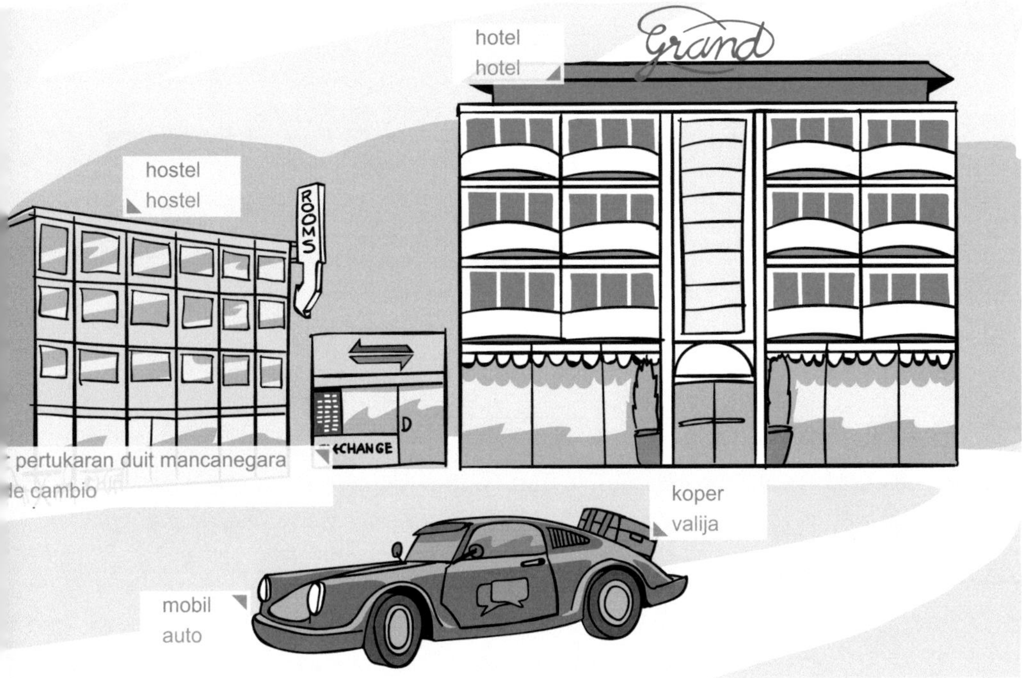

hotel
hotel

hostel
hostel

pertukaran duit mancanegara
le cambio

koper
valija

mobil
auto

basa

idioma

iya / ora

sí / no

oke

Está bien

halo

hola

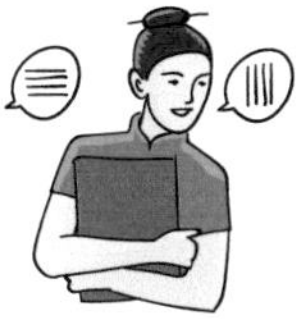

juru basa

traductor

matur nuwun

Gracias

Piro regane ...?

¿cuánto cuesta…?

aku ora ngerti

No entiendo

masalah

problema

Sugeng dalu!

¡Buenas tardes!

Sugeng enjang

¡Buenos días!

Sugeng dalu!

¡Buenas noches!

pareng

adiós

arah

dirección

koper

equipaje

tas

bolso

ransel

mochila

tamu

invitado

kamar

habitación

kantong turu

bolsa de dormir

tenda

carpa

informasi turis

información turística

pantai

playa

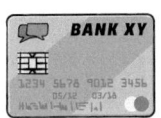

kertu kredit

tarjeta de crédito

sarapan

desayuno

mangan awan

almuerzo

mangan ing wayah bengi

cena

tiket

pasaje

lift

ascensor

perangko

sello

watesan

frontera

cukai

aduana

kedutaan

embajada

visa

visa

paspor

pasaporte

angkutan
transporte

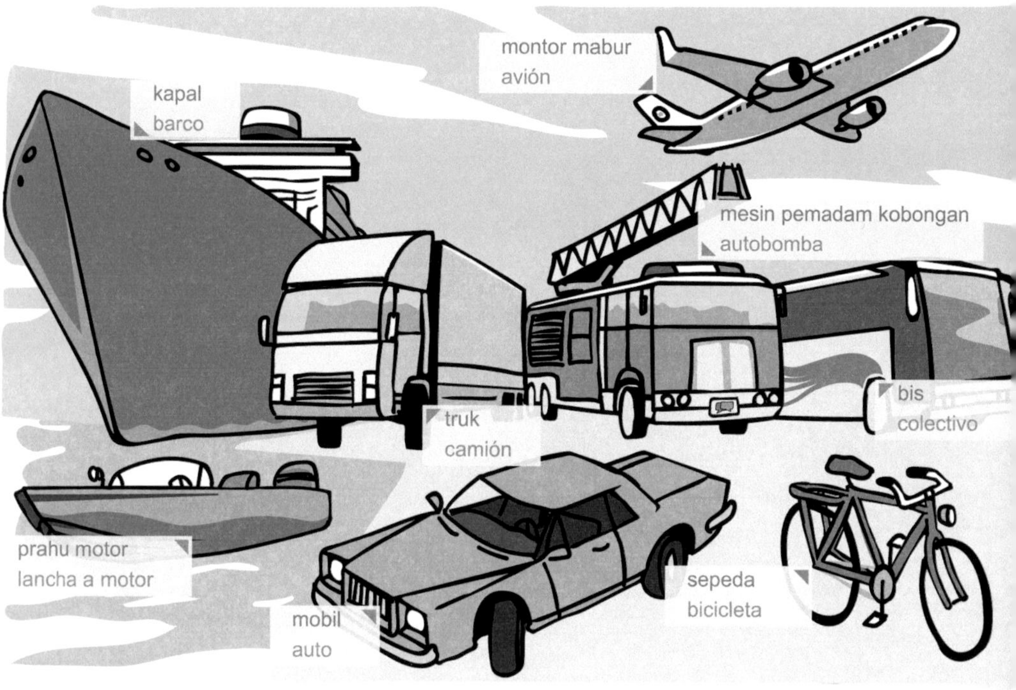
montor mabur
avión
kapal
barco
mesin pemadam kobongan
autobomba
truk
camión
bis
colectivo
prahu motor
lancha a motor
sepeda
bicicleta
mobil
auto

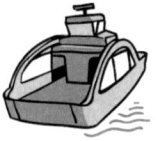

feri

ferry

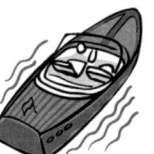

perahu

bote

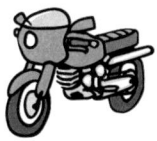

sepeda motor

moto

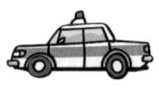

mobil polisi

patrullero

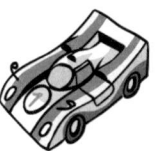

mobil balapan

auto de carreras

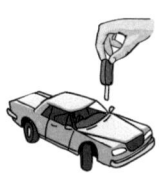

mobil sewa

auto de alquiler

sewa mobil

alquiler de autos

truk derek

grúa

truk resek

camión de basura

motor

motor

bensin

nafta

pom bensin

estación de servicio

tanda dalan

señal de tránsito

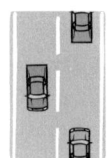

lalu lintas

tránsito

macet

embotellamiento

parkir mobil

estacionamiento

stasiun sepur

estación de tren

ril sepur

vías

sepur

tren

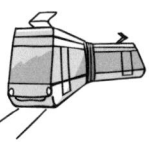

tram

tranvía

grobak

vagón

helikopter

helicóptero

lapangan montor mabur

aeropuerto

menara

torre

penumpang

pasajero

kontener

contenedor

kerdhus

caja de cartón

troli

carretilla

kranjang

canasta

mabur / ndarat

despegar / aterrizar

kutha

ciudad

desa

pueblo

tengah kutha

centro de ciudad

omah

casa

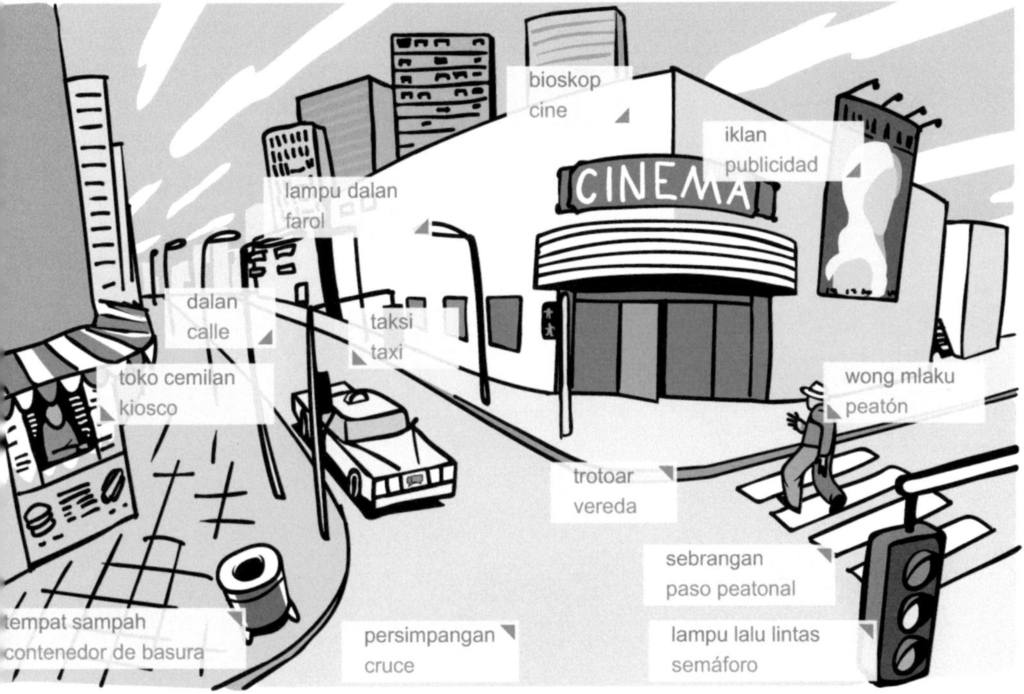

bioskop
cine

iklan
publicidad

lampu dalan
farol

CINEMA

dalan
calle

taksi
taxi

toko cemilan
kiosco

wong mlaku
peatón

trotoar
vereda

sebrangan
paso peatonal

tempat sampah
contenedor de basura

persimpangan
cruce

lampu lalu lintas
semáforo

gubuk

cabaña

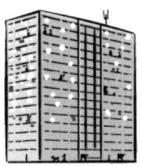

apartemen

departamento

stasiun sepur

estación de tren

bale kutha

municipalidad

museum

museo

sekolahan

colegio

universitas

universidad

bank

banco

griya sakit

hospital

hotel

hotel

apotek

farmacia

kantor

oficina

toko buku

librería

toko

negocio

toko kembang

florería

supermarket

supermercado

pasar

mercado

toko sarwa ana

grandes tiendas

toko iwak

pescadería

mal

centro comercial

pelabuhan

puerto

taman

parque

bangku

banco

tretek

puente

andha

escaleras

metro

subte

trowongan

túnel

halte bis

parada del colectivo

bar

bar

restoran

restaurante

kotak surat

buzón

pratandha dalan

letrero

meteran parkir

parquímetro

kebon kewan

zoológico

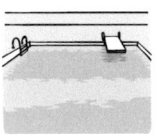

kolam renang

pileta

masjid

mezquita

kebon

granja

polusi

contaminación

kuburan

cementerio

greja

iglesia

panggon dolanan

juegos infantiles

candi

templo

lanskap
paisaje

godong
hoja

plang
poste indicador

dalan
camino

beran
pradera

watu
piedra

uwit
árbol

wong munggah
excursionista

kali
río

suket
hierba

kembang
flor

lembah

valle

bukit

montaña

tlogo

lago

alas

bosque

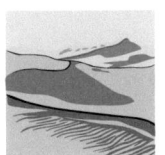

ara-ara

desierto

gunung geni

volcán

keraton

castillo

kluwung

arco iris

jamur

champiñón

uwit palem

palmera

lemut

mosquito

laler

mosca

semut

hormiga

tawon

abeja

angga-angga

araña

kumbang

escarabajo

kodok

rana

bajing

ardilla

landhak

erizo

truwelu

liebre

manuk dares

lechuza

manut

pájaro

banyak

cisne

celeng

jabalí

kidang

ciervo

menjangan

alce

bendungan

presa

turbin angin

aerogenerador

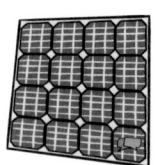

panel srengenge

panel solar

iklim

clima

lanskap - paisaje

restoran
restaurante

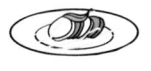

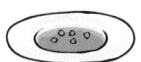

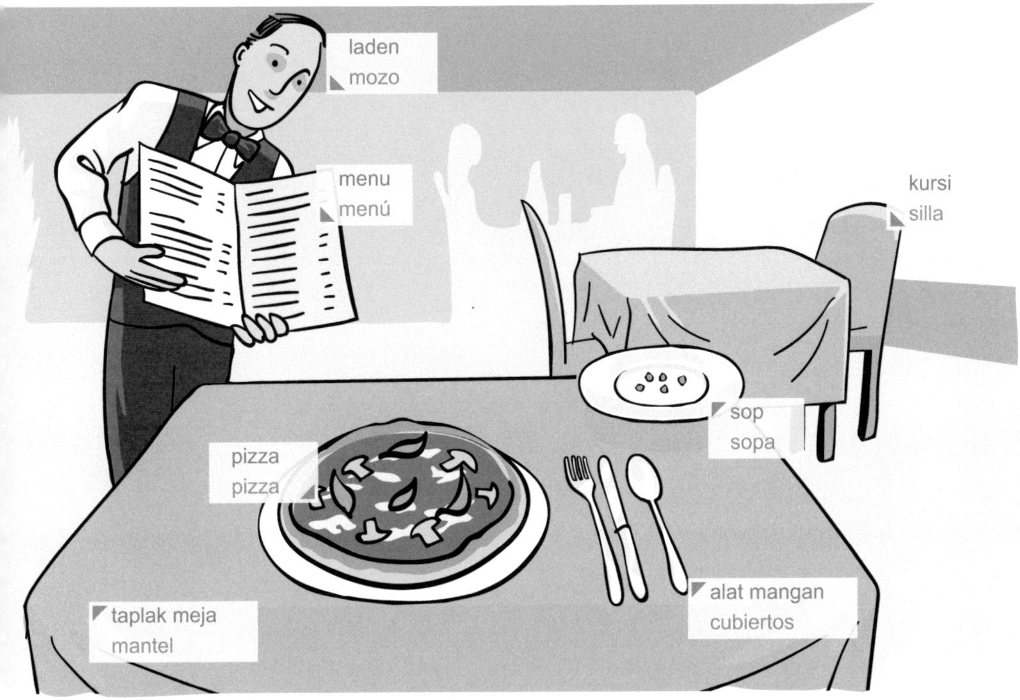
laden
mozo
menu
menú
kursi
silla
sop
sopa
pizza
pizza
alat mangan
cubiertos
taplak meja
mantel

hidangan pambuka

entrada

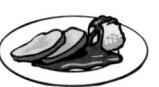

menu utama

plato principal

hidangan penutup

postre

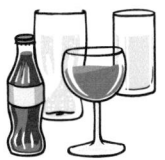

ombenan

bebidas

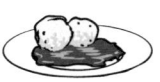

panganan

comida

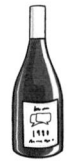

gendul

botella

panganan instan

comida rápida

jajan cemilan

comida callejera

ceret teh

tetera

kaleng gula

azucarera

porsi

porción

mesin espresso

cafetera expreso

kursi duwur

sillita alta

tagihan

cuenta

baki

bandeja

lading

cuchillo

sendok garpu

tenedor

sendok

cuchara

sendok teh

cucharita

serbet

servilleta

gelas

vaso

piring

plato

piring sop

plato hondo

lepek

plato

duduh

salsa

gendul uyah

salero

bubuk mrico

molinillo de pimienta

cuka

vinagre

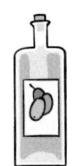

lenga

aceite

bumbon

especias

saos tomat

kétchup

mustar

mostaza

mayones

mayonesa

supermarket

supermercado

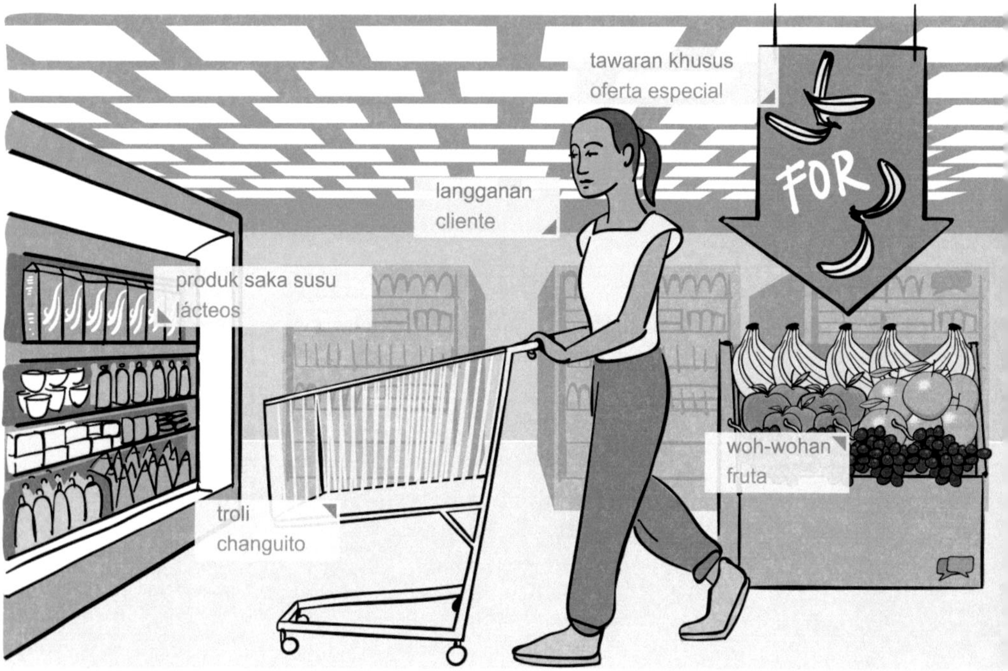

tawaran khusus
oferta especial
FOR
langganan
cliente
produk saka susu
lácteos
woh-wohan
fruta
troli
changuito

BUTCHERS

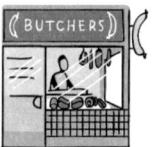

toko daging

carnicería

BAKERY

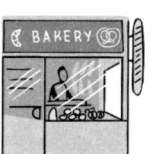

toko roti

panadería

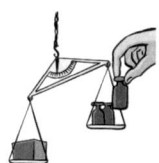

nimbang

pesar

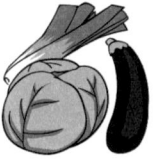

janganan

verduras

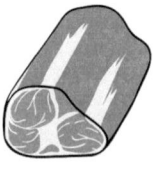

daging panggang

carne

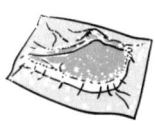

panganan beku

alimentos congelados

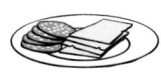

irisan daging

fiambres

panganan kaleng

alimentos enlatados

deterjen

detergente en polvo

permen

golosinas

produk reresik omah

electrodomésticos

produk reresik

productos de limpieza

bakul

vendedora

mesin kasir

caja

kasir

cajero

daftar blanja

lista de compras

jam buka

horario de atención

dompet

billetera

kertu kredit

tarjeta de crédito

tas

cartera

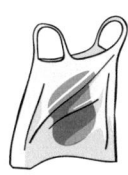

tas kresek

bolsa de plástico

banyu

agua

jus

jugo

susu

leche

ombenan kanthi karbon

bebida cola

anggur

vino

bir

cerveza

alkohol

alcohol

coklat

cacao

teh

té

kopi

café

espresso

café expreso

cappuccino

cappuccino

gedhang

banana

apel

manzana

jeruk

naranja

semangka

melón

jeruk lemon

limón

wortel

zanahoria

bawang

ajo

pring

bambú

bawang

cebolla

jamur

champiñón

kacang

nueces

bakmi

fideos

spageti

tallarines

sego

arroz

salad

ensalada

kentang goreng

papas fritas

kentang goreng

papas fritas

pizza

pizza

hamburger

hamburguesa

roti isi

sándwich

daging irisan

churrasco

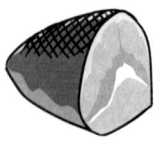

daging ham

jamón

salami

salame

sosis

salchicha

pitik

pollo

daging panggang

asado

iwak

pescado

bubur gandum

copos de avena

muesli

muesli

sereal jagung

copos de maíz

glepung

harina

croissant

medialuna

roti

pancito

roti

pan

roti panggang

tostada

biskuit

galletitas

mertega

manteca

dadih

cuajada

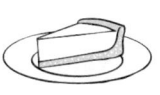

kue

torta

endog

huevo

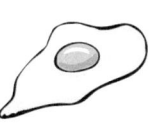

endog goreng

huevo frito

keju

queso

es krim

helado

gula

azúcar

madu

miel

sele

mermelada

krim nugat

pasta de chocolate

kare

curry

kebon
granja

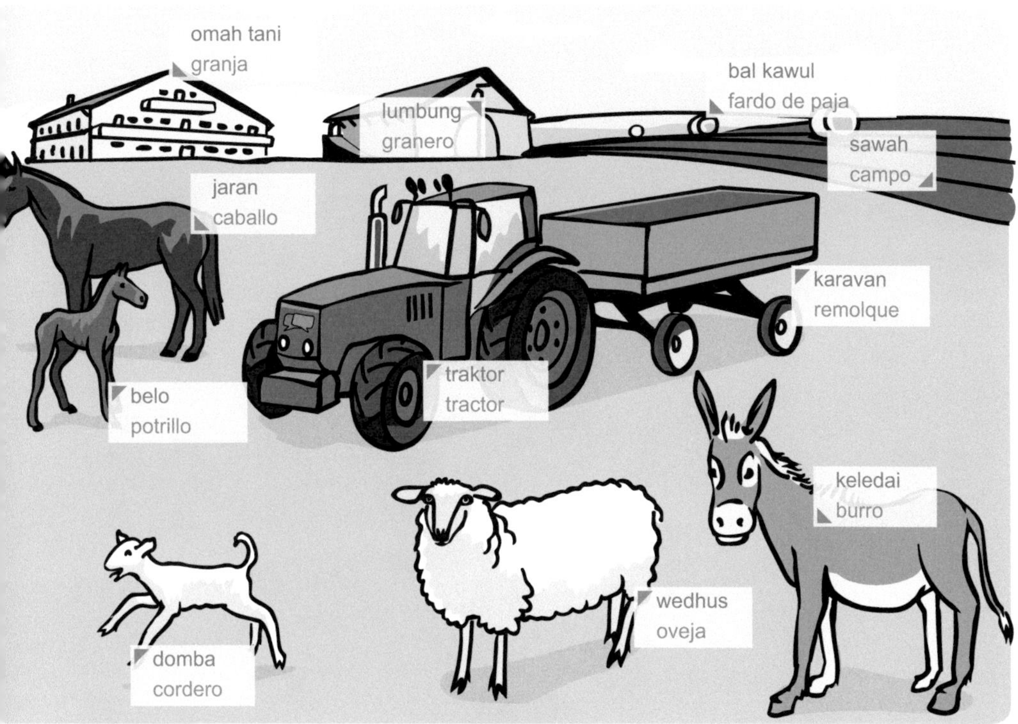
omah tani
granja
lumbung
granero
bal kawul
fardo de paja
sawah
campo
jaran
caballo
karavan
remolque
traktor
tractor
belo
potrillo
keledai
burro
wedhus
oveja
domba
cordero

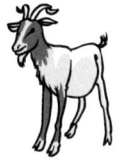

wedhus

cabra

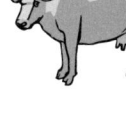

sapi

vaca

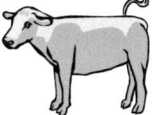

pedhet

ternero

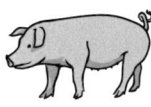

babi

cerdo

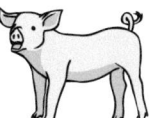

gambluk

lechón

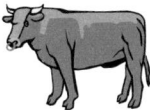

kebo

toro

banyak

ganso

bebek

pato

kuthuk

pollo

babon

gallina

jago

gallo

tikus

rata

kucing

gato

tikus

ratón

sapi

buey

asu

perro

kandang asu

cucha

selang

manguera

gembor

regadera

arit gede

guadaña

waluku

arado

arit gede

hoz

pacul

azada

garu

horquilla

kapak

hacha

grobak surung

carretilla

wadah pakan

abrevadero

kaleng susu

lechera

karung

bolsa

pager

reja

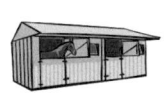

kandang

establo

omah kaca

invernadero

lemah

suelo

wiji

semilla

rabuk

fertilizador

traktor panen

cosechadora

manen

cosechar

panen

cosecha

ubi

batatas

gandum

trigo

kedelai

soja

kentang

papa

jagung

maíz

lobak

semilla de colza

wit woh-wohan

árbol frutal

telo

mandioca

sereal

cereales

omah

casa

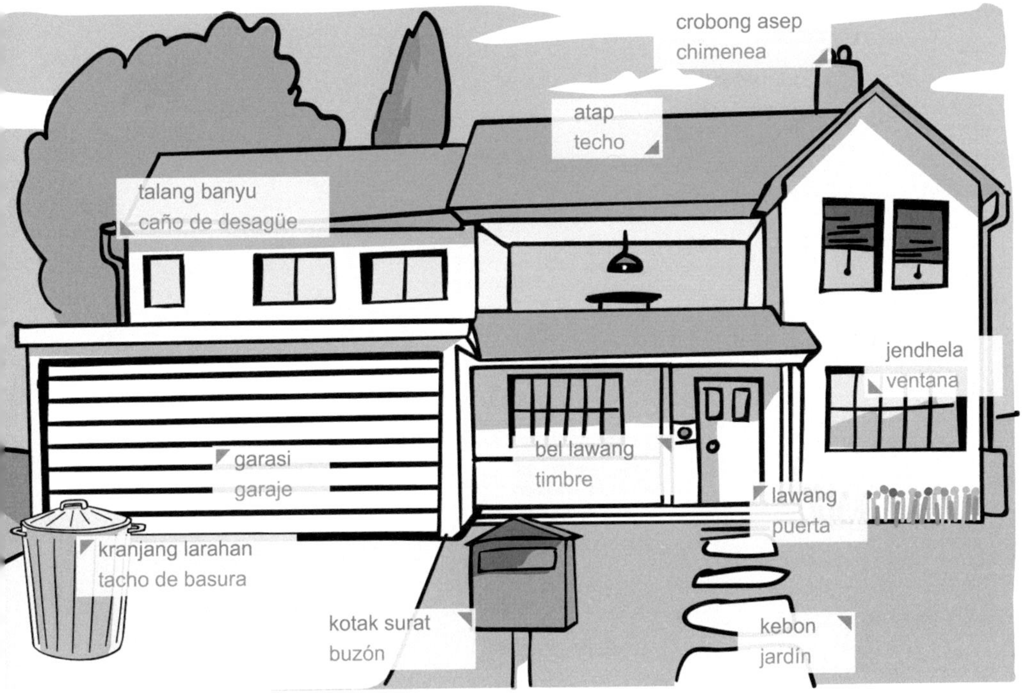
crobong asep
chimenea
atap
techo
talang banyu
caño de desagüe
jendhela
ventana
garasi
garaje
bel lawang
timbre
lawang
puerta
kranjang larahan
tacho de basura
kotak surat
buzón
kebon
jardín

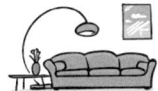

ruang tamu

living

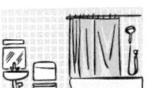

jedhing

baño

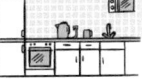

pawon

cocina

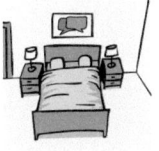

kamar turu

dormitorio

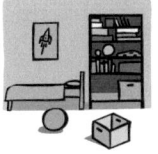

kamar anak

cuarto de los chicos

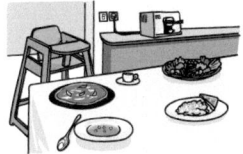

kamar panedhaan

comedor

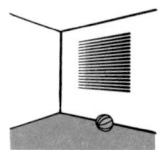

jobin

piso

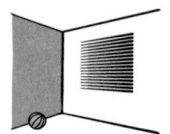

tembok

pared

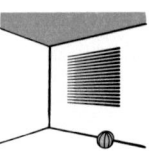

pyan

cielorraso

gudhang ing njero lemah

sótano

sauna

sauna

balkon

balcón

teras

terraza

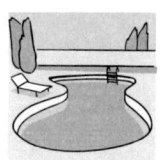

blumbang kanggo nglangi

pileta

mesin kanggo motong suket

cortadora de pasto

lembaran

sábana

sprei

acolchado

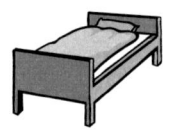

dipan

cama

sapu

escoba

ember

balde

tombol

interruptor

ruang tamu
living

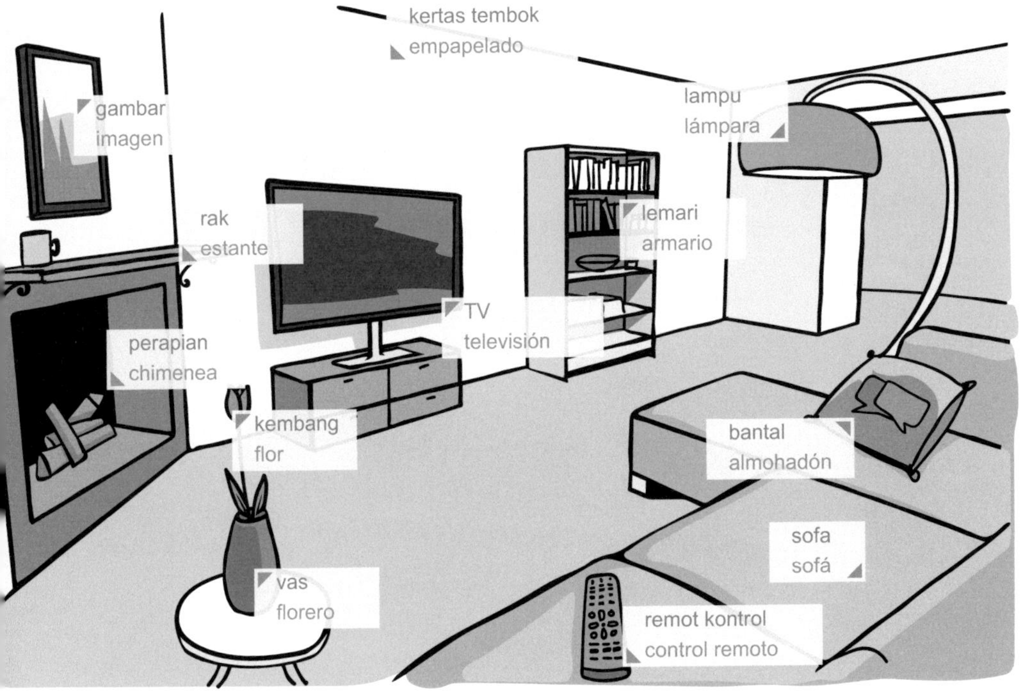

kertas tembok
empapelado
gambar
imagen
lampu
lámpara
rak
estante
lemari
armario
TV
televisión
perapian
chimenea
kembang
flor
bantal
almohadón
sofa
sofá
vas
florero
remot kontrol
control remoto

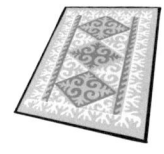

karpet

alfombra

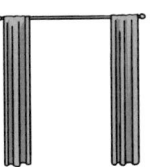

korden

cortina

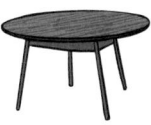

meja

mesa

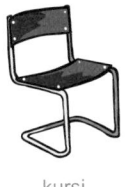

kursi

silla

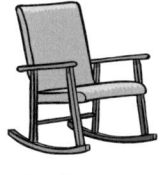

kursi goyang

mecedora

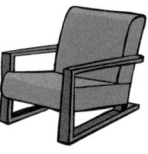

kursi tangan

sillón

buku
libro

selimut
frazada

dekorasi
decoración

kayu bakar
leña

film
película

hi-fi
equipo de música

kunci
llave

koran
diario

lukisan
pintura

poster
póster

radio
radio

buku catetan
cuaderno

penyedot lebut
aspiradora

kaktus
cactus

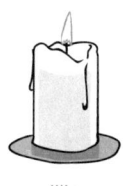

lilin
vela

pawon
cocina

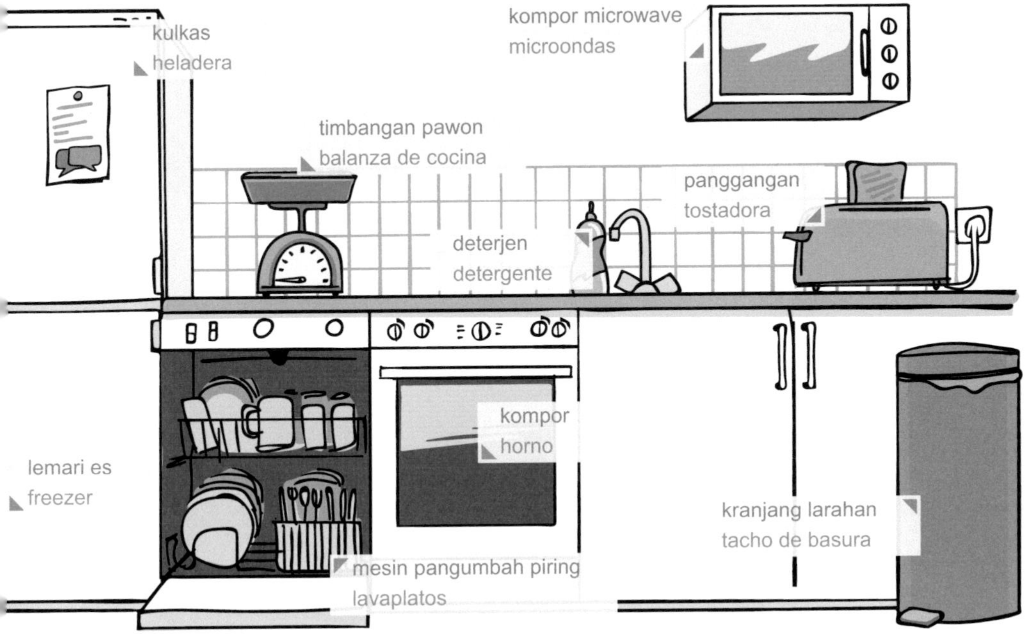
kulkas
heladera
kompor microwave
microondas
timbangan pawon
balanza de cocina
panggangan
tostadora
deterjen
detergente
kompor
horno
lemari es
freezer
kranjang larahan
tacho de basura
mesin pangumbah piring
lavaplatos

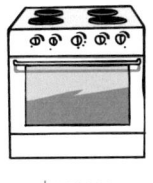

kompor

cocina

panci

olla

panci wesi

olla de hierro fundido

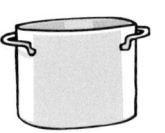

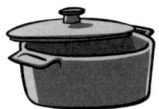

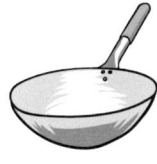

wajan

wok

wajan

sartén

ceret

pava

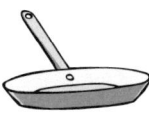

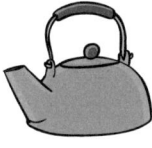

kukusan

vaporera

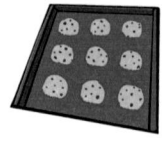

loyang

bandeja de horno

pecah belah

vajilla

mug

taza

mangkok

bol

sumpit

palitos

irus

cucharón

solet

estpátula

udeg

batidora

ayakan

colador

saringan

colador

parutan

rallador

lumpang

mortero

panggangan

parrilla

geni

fogata

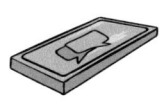

telenan

tabla de picar

gilingan adonan

palo de amasar

kotrek

sacacorchos

kaleng

lata

bukaan kaleng

abrelatas

cempal

manopla

wastafel

pileta

sikat

cepillo

sepon

esponja

blender

batidora

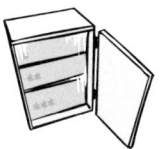

kulkas

congelador

gendul bayi

mamadera

kran

canilla

jedhing

baño

alat manasi
calefacción
andhuk
toalla
pancuran
ducha
klambu jedhing
cortina de ducha
adhus unthuk
baño de espuma
bak adhus
bañadera
mesin ngumbah
lavarropas
gelas
vaso
kran
canilla
tekel
baldosas
pispot
pelela
wastafel
pileta

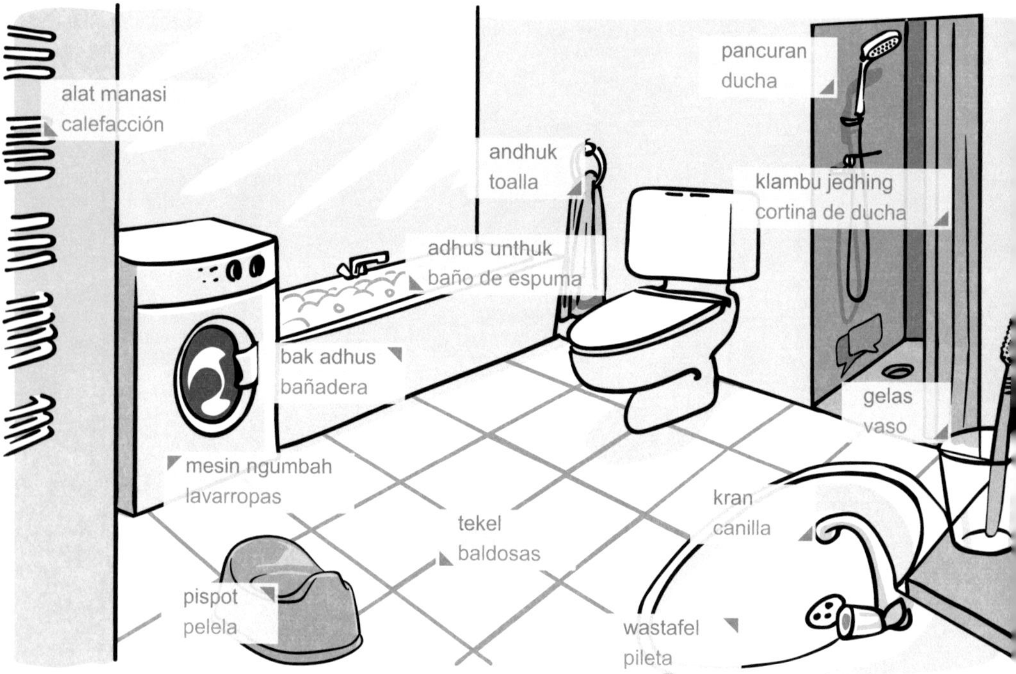

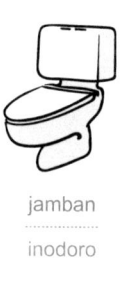

jamban

inodoro

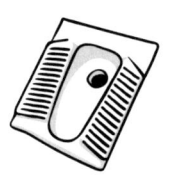

jamban dhodhok

letrina

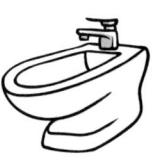

bidet

bidé

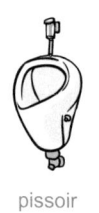

pissoir

mingitorio

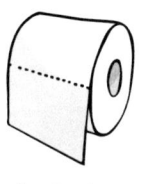

tisu jamban

papel higiénico

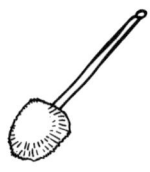

sikat jamban

cepillo para el inodoro

sikat untu

cepillo de dientes

odol

dentífrico

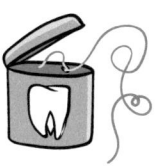

bolah untu

hilo dental

ngumbahi

lavar

gagang shower

ducha de mano

pancuran

ducha higiénica

baskom

palangana

sikat geger

cepillo para espalda

sabun

jabón

gel pancuran

gel de ducha

sampo

shampoo

hem

toallita

nguras

desagüe

krim

crema

deodoran

desodorante

pangilon

espejo

koco tangan

espejito

silet

maquinita de afeitar

umpluk cukur

espuma de afeitar

aftershave

aftershave

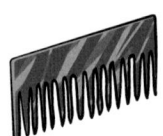

jungkat

peine

sikat untu

cepillo

hairdryer

secador de pelo

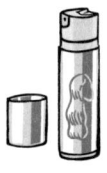

hairspray

spray

dandanan

maquillaje

gincu

lápiz de labios

kuteks

esmalte para uñas

kapas

algodón

gunting kuku

tijera para uñas

parfum

perfume

kantong adhus

portacosméticos

dingklik

banqueta

timbangan

balanza

bah kanggo sawise adhus

bata

sarung karet

guantes de goma

tampon

tampón

pembalut

toallita femenina

jamban nganggo bahan
kimia

baño químico

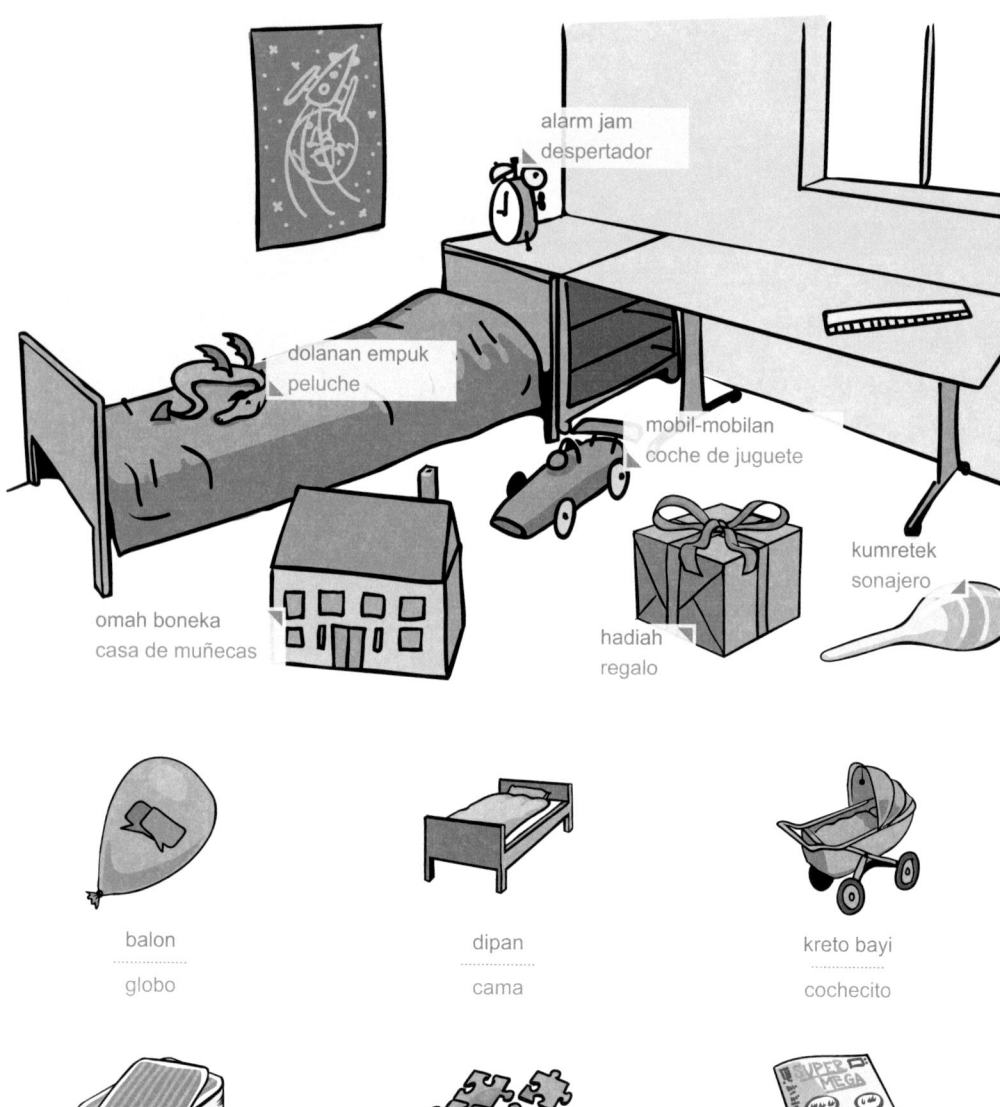

alarm jam
despertador

dolanan empuk
peluche

mobil-mobilan
coche de juguete

kumretek
sonajero

omah boneka
casa de muñecas

hadiah
regalo

balon
globo

dipan
cama

kreto bayi
cochecito

meja kertu
cartas

teka-teki
rompecabezas

komik
historieta

bata lego

piezas de lego

balok dolanan

ladrillos de juguete

boneka aksi

figura de acción

klambi bayi

enterito (de bebé)

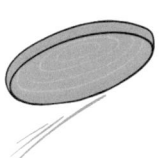

frisbee

frisbee

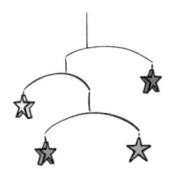

dolanan gantungan

móvil para bebés

dolanan meja

juego de mesa

dadu

dados

sepur dolanan

tren eléctrico

dot

chupete

pesta

fiesta

buku gambar

libro de cuentos ilustrado

bal

pelota

boneka

muñeca

dolanan

jugar

panggon dolanan pasir

arenero

ayunan

hamaca

dolanan

juguetes

konsol video game

consola de videojuegos

sepeda roda telu

triciclo

beruang teddy

osito de peluche

lemari sandhangan

armario

klambi

ropa

kaos kaki

medias

stoking

medias panty

kathok singset

calzas

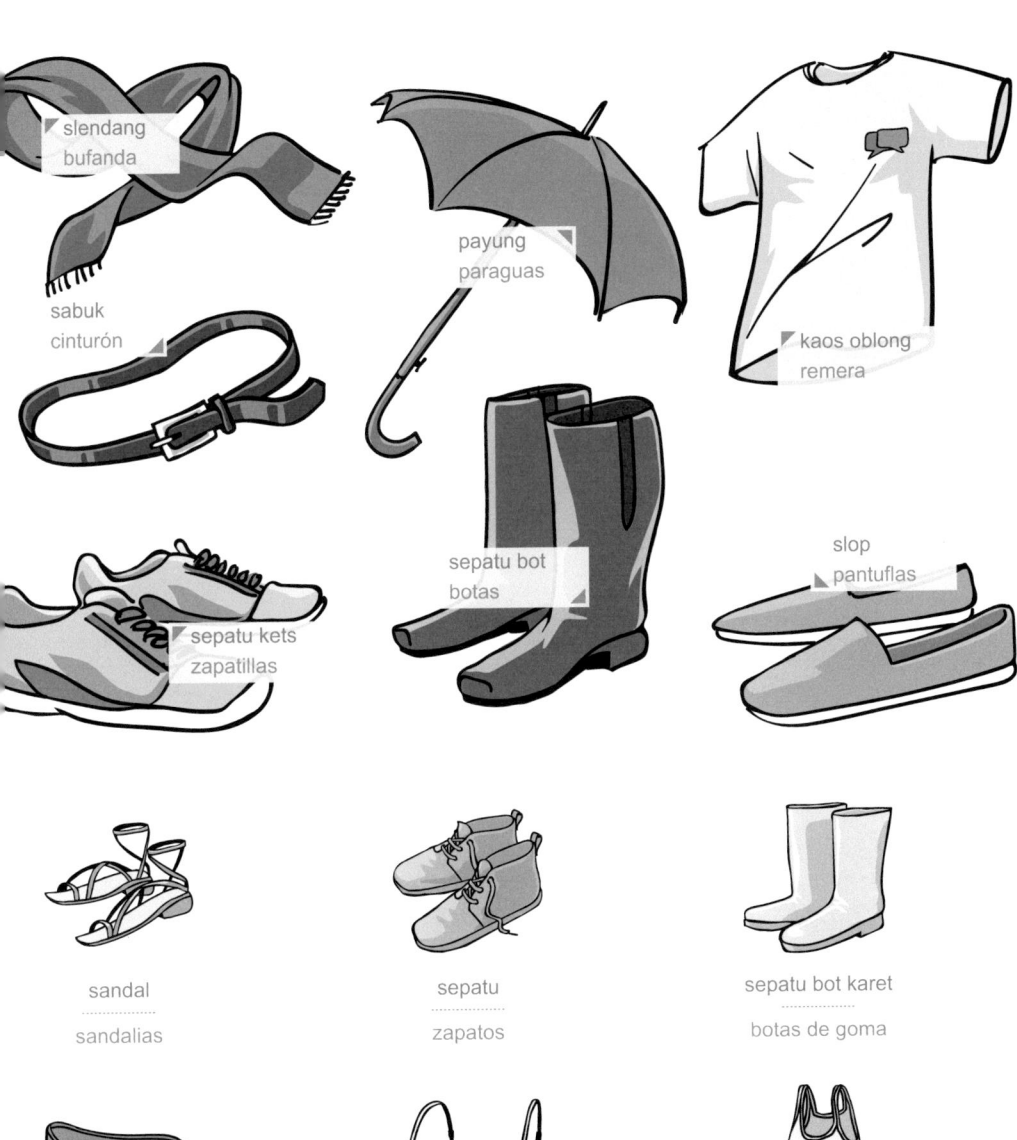

slendang
bufanda

payung
paraguas

kaos oblong
remera

sabuk
cinturón

sepatu kets
zapatillas

sepatu bot
botas

slop
pantuflas

sandal
sandalias

sepatu
zapatos

sepatu bot karet
botas de goma

sempak
ropa interior

kutang
corpiño

rompi
chaleco

awak

body

kathok

pantalones

kathok jins

jeans

rok

pollera

blus

blusa

klambi

camisa

jaket nganggo kudung

pulóver

sweter

buzo

blezer

blazer

jaket

campera

mantel

tapado

jas udan

piloto

kostum

traje

gaun

vestido

gaun manten

vestido de novia

setelan

traje

klambi kanggo turu

camisón

piyama

pijama

kain sari

sari

kudung

pañuelo para cabeza

serban

turbante

cadar

burka

kaftan

caftán

abaya

abaya

klambi kanggo nglangi

traje de baño

kathok renang

short de baño

kathok cekak

shorts

klambi trening

jogging

celemek

delantal

sarung tangan

guantes

benik

botón

kacamata

anteojos

gelang

pulsera

kalung

collar

ali-ali

anillo

anting-anting

aro

peci

gorra

gantungan mantel

percha

topi

sombrero

dasi

corbata

slerekan

cierre

helem

casco

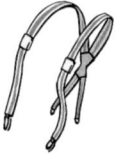

bretel

tiradores

sragam sekolah

uniforme escolar

sragam

uniforme

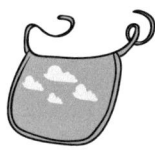

oto

babero

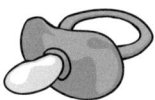

dot

chupete

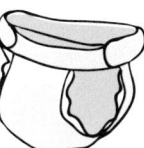

popok

pañal

kantor
oficina

server
servidor
lemari arsip
archivero
printer
impresora
monitor
monitor
dluwang
papel
mouse
mouse
meja
escritorio
folder
carpeta
papan tombol
teclado
kursi
silla
kranjang larahan
tacho (de basura)
komputer
computadora

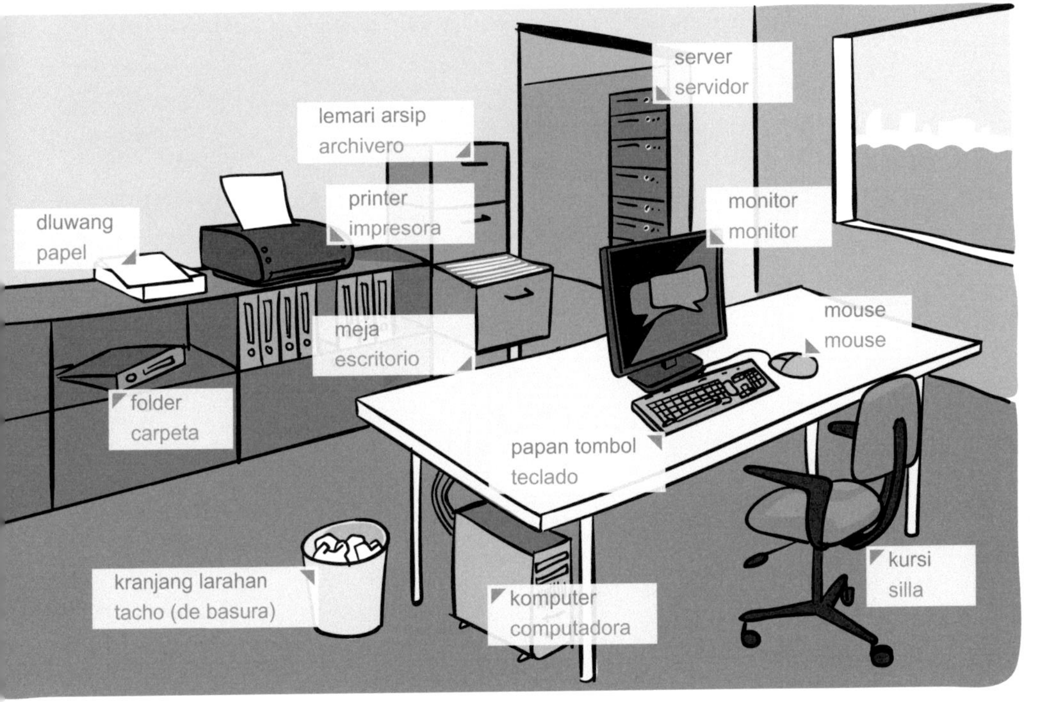

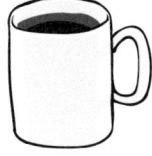

cangkir kopi

taza de café

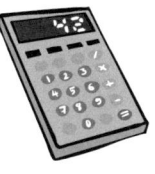

kalkulator

calculadora

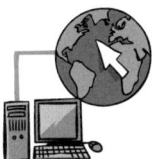

internet

internet

laptop
laptop

surat
carta

pesen
mensaje

HP
celular

jaringan
red

mesin fotokopi
fotocopiadora

software
software

telpon
teléfono

colokan
tomacorriente

mesin faksimili
fax

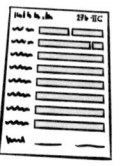

blangko
formulario

dokumen
documento

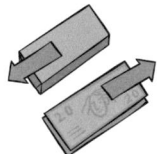

tuku

comprar

mbayar

pagar

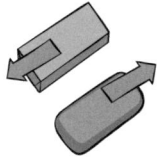

bebakulan

hacer negocios

duit

dinero

dolar

dólar

euro

euro

yen

yen

rubel

rublo

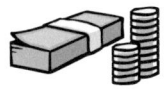

franc Swiss

franco suizo

yuan renminbi

yuan

rupe

rupia

cash point

cajero automático

kantor pertukaran duit
mancanegara
....
casa de cambio

emas
....
oro

perak
....
plata

minyak
....
petróleo

energi
....
energía

rego
....
precio

kontrak
....
contrato

pajek
....
impuesto

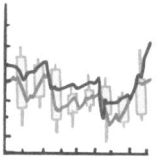

saham
....
acción

kerjo
....
trabajar

pegawe
....
empleado

juragan
....
empleador

pabrik
....
fábrica

toko
....
negocio

ekonomi - economía

gawean
ocupaciones

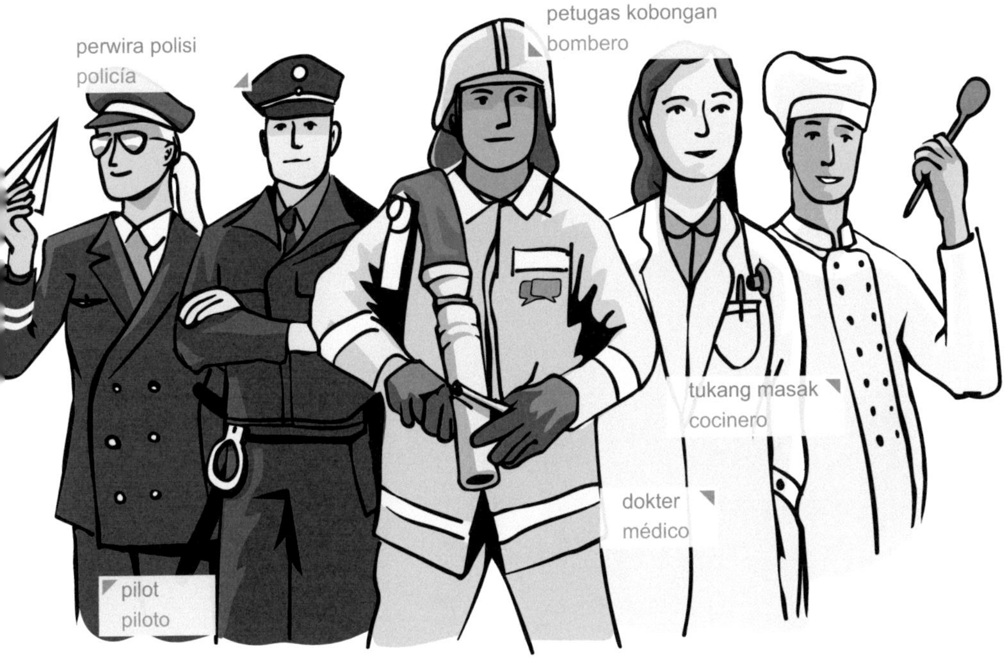
perwira polisi
policía
petugas kobongan
bombero
tukang masak
cocinero
dokter
médico
pilot
piloto

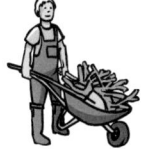

tukang kebon

jardinero

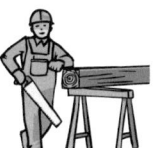

tukang kayu

carpintero

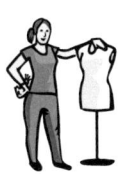

tukang jahit

modista

hakim

juez

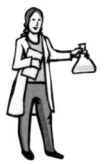

ahli kimia

farmacéutico

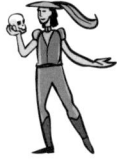

aktor

actor

sopir bis

colectivero

sopir taksi

taxista

nelayan

pescador

tukang reresik

mucama

tukang pasang gendheng

techista

laden

mozo

pamburu

cazador

pelukis

pintor

tukang roti

panadero

tukang listrik

electricista

tukang mbangun

albañil

insinyur

ingeniero

jagal

carnicero

tukang ledeng

plomero

tukang pos

cartero

tentara

soldado

arsitek

arquitecto

kasir

cajero

bakul kembang

florista

juru rambut

peluquero

kondektur

cobrador

mekanik

mecánico

kapten

capitán

dokter untu

dentista

ilmuwan

científico

rabbi

rabino

imam

imán

biksu

monje

pandhita

sacerdote

herramientas

palu
martillo

tang
tenaza

obeng
destornillador

kunci Inggris
llave

senter
linterna

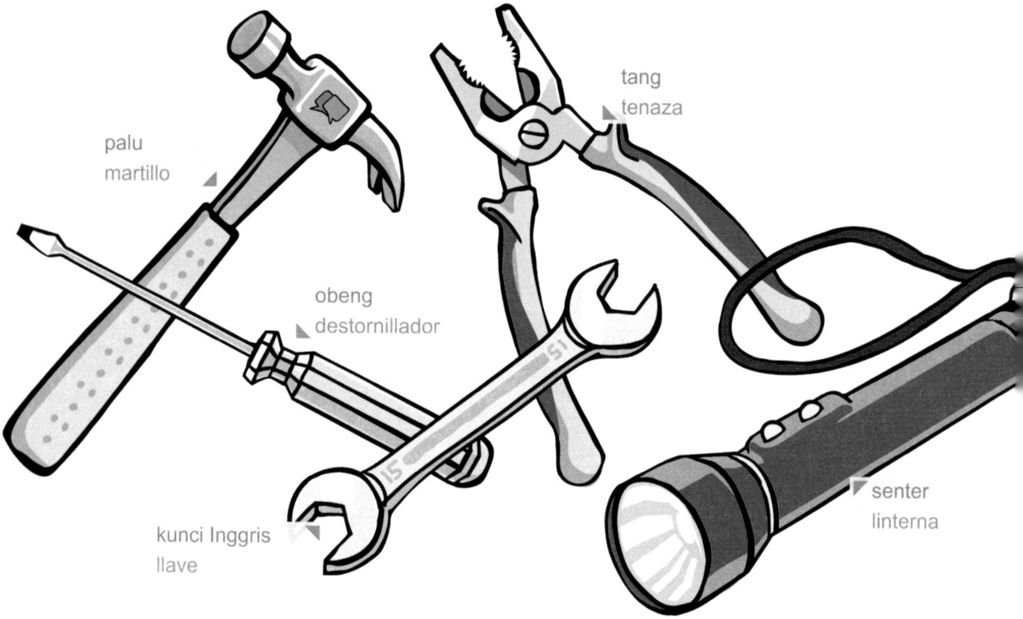

mesin kerukan

excavadora

wadah perkakas

caja de herramientas

andha

escalera portátil

graji

sierra

paku

clavos

bur

taladro

ndandani

arreglar

sekop

pala de jardín

Bajigur!

¡Qué bronca!

serok

pala de plástico

kaleng cat

tacho de pintura

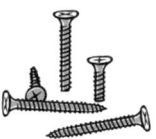

sekrup

tornillos

alat musik
instrumentos musicales

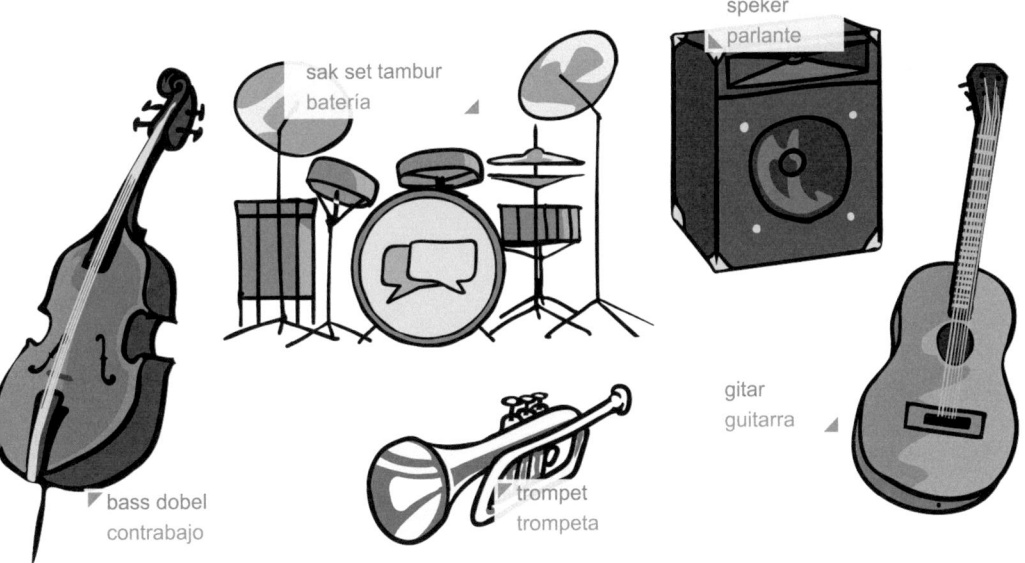

speker
parlante

sak set tambur
batería

bass dobel
contrabajo

trompet
trompeta

gitar
guitarra

piano
piano

biola
violín

bass
bajo

timpani
timbales

tambur
tambor

keyboard
teclado

saksofon
saxofón

suling
flauta

mikropon
micrófono

alat musik - instrumentos musicales

kebon kewan
zoológico

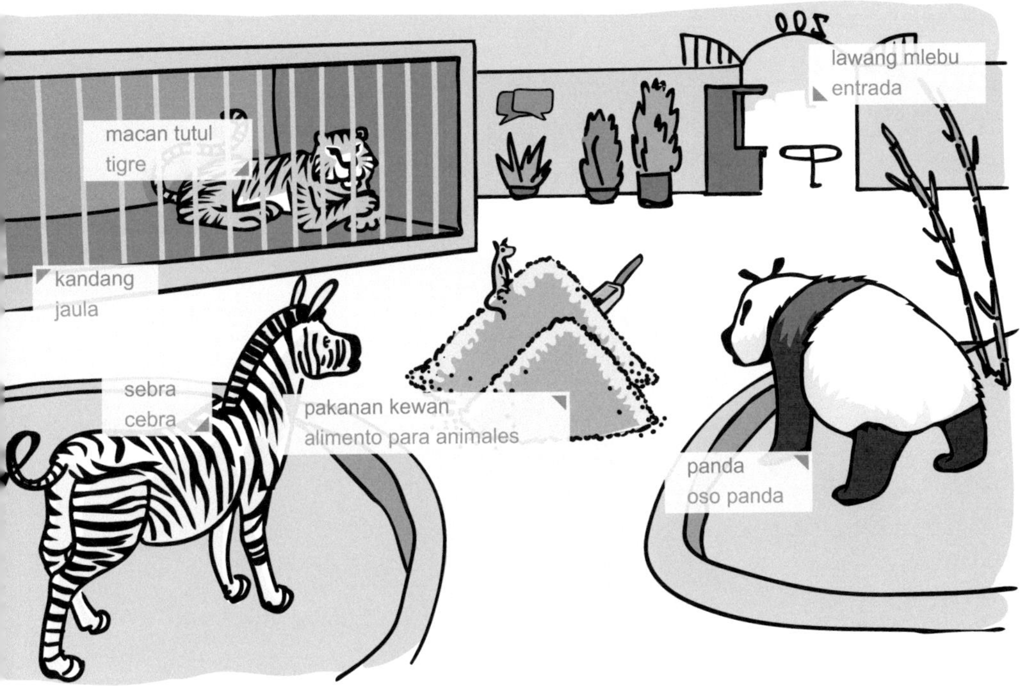

lawang mlebu
entrada
macan tutul
tigre
kandang
jaula
sebra
cebra
pakanan kewan
alimento para animales
panda
oso panda

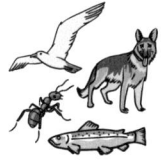

kewan

animales

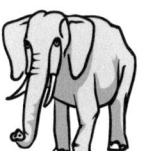

gajah

elefante

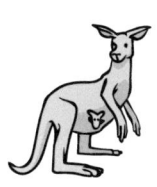

kanguru

canguro

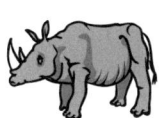

badak

rinoceronte

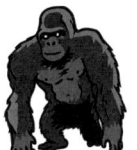

gorila

gorila

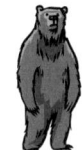

beruang

oso

unta

camello

manuk unta

avestruz

singa

león

kethek

mono

flamingo

flamenco

bethet

loro

beruang kutub

oso polar

pinguin

pingüino

hiu

tiburón

merak

pavo real

ula

serpiente

baya

cocodrilo

juru kunci kebon kewan

cuidador del zoológico

singa segara

foca

jaguar

jaguar

jaran poni

poni

macan tutul

leopardo

kuda nil

hipopótamo

jrapah

jirafa

garudha

águila

celeng

jabalí

iwak

pescado

bulus

tortuga

walrus

morsa

rubah

zorro

kidang

gacela

bal-balan Amerika
fútbol americano

sepedahan
ciclismo

tenis
tenis

basket
básquet

nglangi
natación

tinju
boxeo

hoki es
hockey sobre hielo

bal-balan
fútbol

badminton
bádminton

atletik
atletismo

bal tangan
handball

ski
esquí

polo
polo

ngguyu
reír

mencolot
saltar

ngrangkul
abrazar

mlaku
caminar

nembang
cantar

ngimpi
soñar

ndonga
rezar

ngambung
besar

nulis
escribir

nggambar
dibujar

nuduhake
mostrar

mencet
presionar

menehi
dar

njupuk
tomar

duweni

tener

nindakake

hacer

yaiku

ser

ngadek

estar parado

mlayu

correr

narik

tirar

nguncalake

tirar

tiba

caer

ngapusi

estar acostado

ngenteni

esperar

nggawa

llevar

lungguh

estar sentado

klamben

vestirse

turu

dormir

tangi

despertar

ndheleng

mirar

nangis

llorar

ngelus

acariciar

njungkati

peinar

ngomong

hablar

mangerteni

entender

takon

preguntar

ngrungoake

escuchar

ngombe

beber

mangan

comer

ngrapiake

ordenar

nrisnani

amar

masak

cocinar

nyopir

manejar

mabur

volar

nglayar

navegar

itung

calcular

maca

leer

sinau

aprender

kerjo

trabajar

ngrabi

casarse

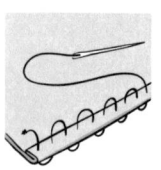

njahit

coser

nyikat untu

cepillarse los dientes

mateni

matar

ngrokok

fumar

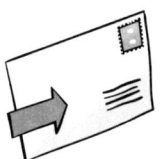

ngirim

enviar

mbah putri
abuela

mbah kakung
abuelo

bapak
padre

ibu
madre

bayi
bebé

anak wedok
hija

anak lanang
hijo

tamu

invitado

bu lik

tía

pak lik

tío

dulur lanang

hermano

dulur wadon

hermana

awak

cuerpo

bathuk
frente
mripat
ojo
pundhak
hombro
driji
dedo
pasuryan
cara
janggut
pera
tangan
mano
payudara
pecho
sikil
pierna
lengen
brazo

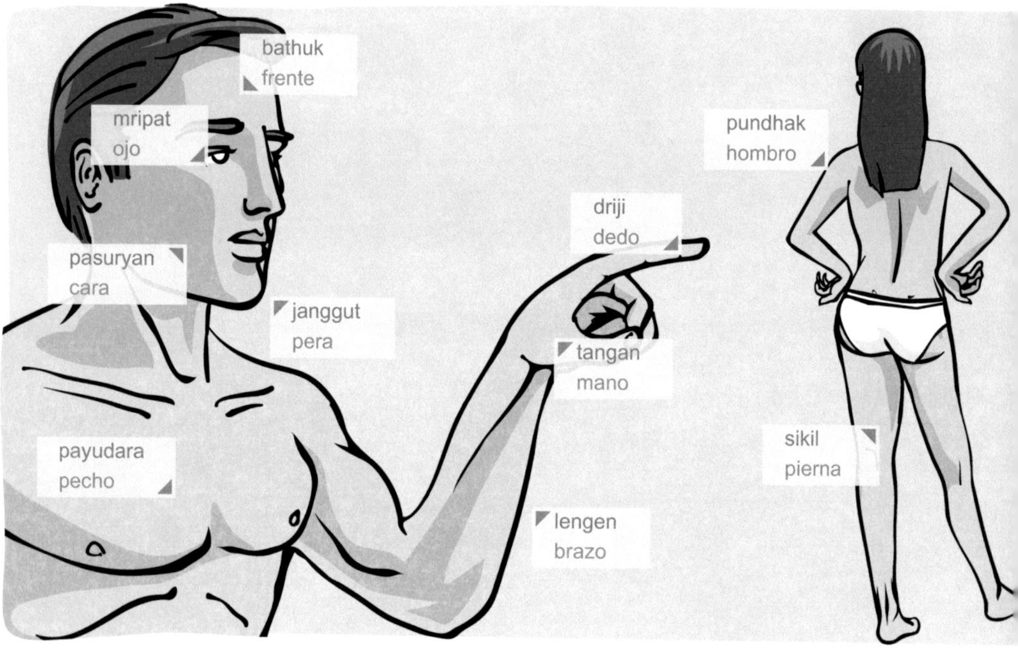

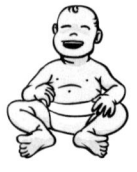

bayi

bebé

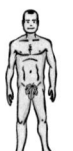

lanang

hombre

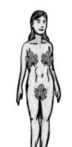

wadon

mujer

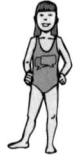

bocah wadon

nena

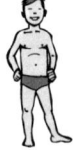

bocah lanang

nene

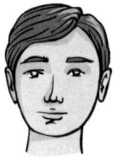

sirah

cabeza

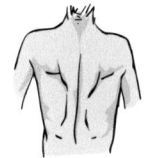

geger

espalda

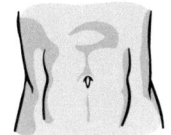

weteng

panza

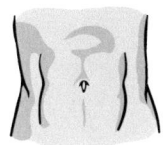

puser

ombligo

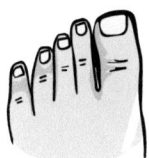

driji sikil

dedo del pie

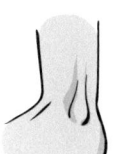

tungkak

talón

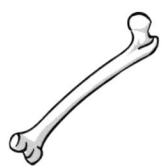

balung

hueso

panggul

cadera

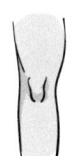

dengkul

rodilla

sikut

codo

irung

nariz

bokong

cola

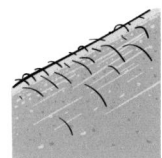

kulit

piel

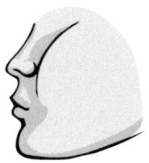

pipi

cachete

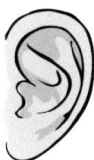

kuping

oreja

lambe

labio

awak - cuerpo

lisan

boca

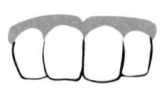

untu

diente

ilat

lengua

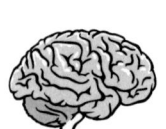

uteg

cerebro

jantung

corazón

otot

músculo

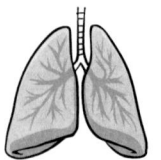

paru

pulmón

ati

hígado

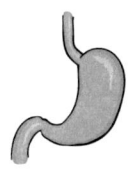

garba

estómago

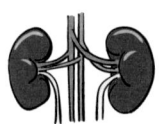

ginjel

riñones

sanggama

sexo

kondom

preservativo

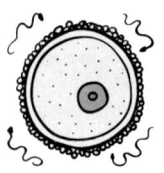

ovum

óvulo

mani

semen

mbobot

embarazo

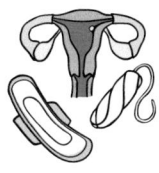

haid

menstruación

vagina

vagina

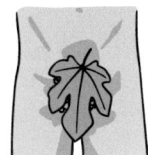

zakar

pene

alis

ceja

rambut

pelo

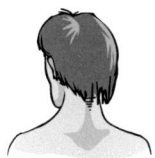

gulu

cuello

griya sakit
hospital

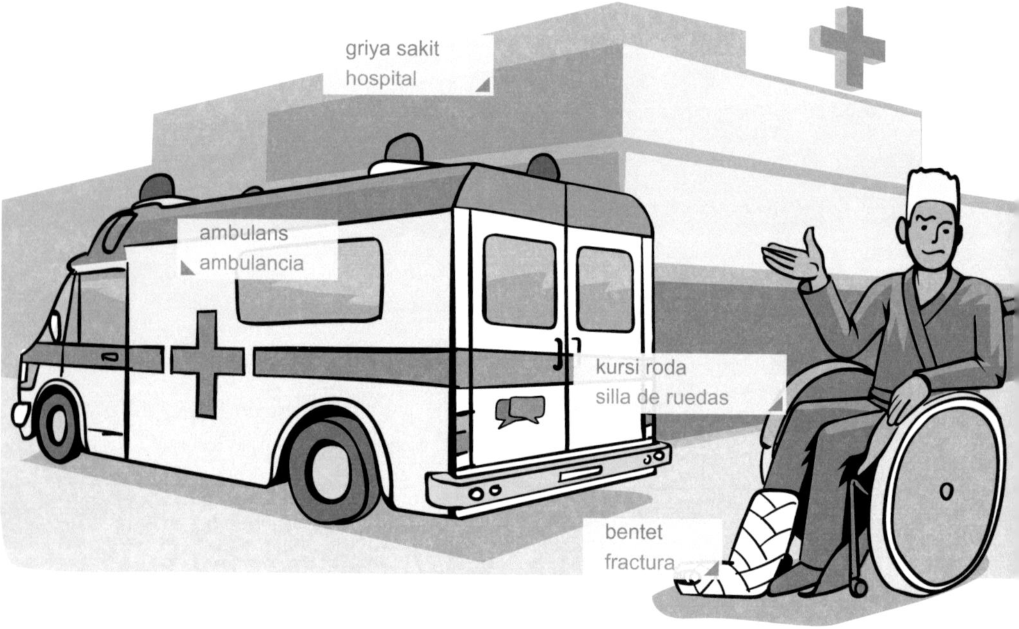

griya sakit
hospital
ambulans
ambulancia
kursi roda
silla de ruedas
bentet
fractura

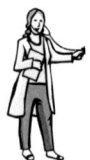

dokter

médico

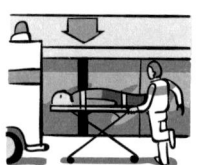

kamar gawat darurat

sala de guardia

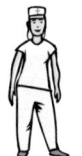

perawat

enfermera

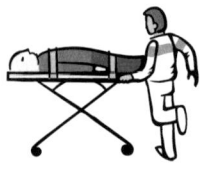

dharurat

emergencia

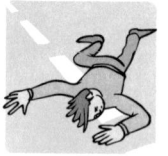

ora sadar

inconsciente

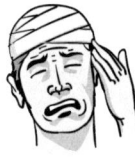

linu

dolor

tatu

lesión

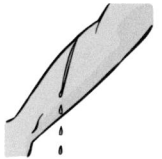

getihen

hemorragia

serangan jantung

infarto

setruk

ACV

alergi

alergia

watuk

tos

ngelu

fiebre

pilek

gripe

diare

diarrea

mumet

dolor de cabeza

kanker

cáncer

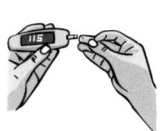

diabetes

diabetes

ahli bedah

cirujano

lading bedah

bisturí

operasi

operación

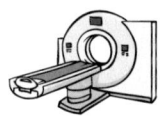

CT

TC

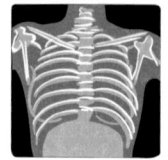

sinar x

rayos x

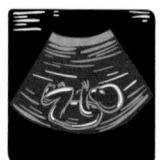

USG

ecografía

masker

barbijo

penyakit

enfermedad

kamar nunggu

sala de espera

pitulung

muleta

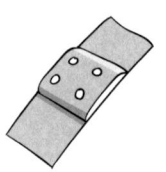

perban

curita

perban

venda

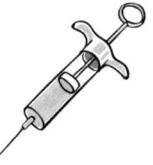

suntik

inyección

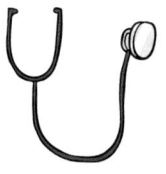

stetoskop

estetoscopio

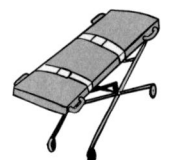

tandu

camilla

termometer klinik

termómetro

lair

nacimiento

kalemon

sobrepeso

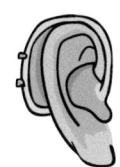

alat bantu dengar

audífono

disinfektan

desinfectante

infeksi

infección

virus

virus

HIV/AIDS

VIH / SIDA

obat

remedio

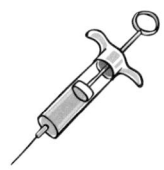

vaksinasi

vacunación

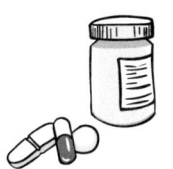

tablet

comprimidos

pil

pastilla anticonceptiva

nomer telpon darurat

llamada de emergencia

ngukur tensi getih

tensiómetro

lara / waras

enfermo / sano

Tulung!

¡Ayuda!

alarem

alarma

sergap

agresión

serangan

ataque

bebaya

peligro

lawang metu dharurat

salida de emergencia

Kobongan!

¡Fuego!

alat mateni geni

matafuego

kacilakan

accidente

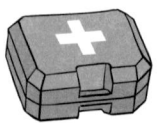

pitulungan wiwitan

botiquín de primeros
auxilios

SOS

SOS

polisi

policía

Eropa

Europa

Amerika Lor

América del Norte

Amerika Kidul

América del Sur

Afrika

África

Asia

Asia

Australia

Australia

Atlantik

Atlántico

Pasifik

Pacífico

Samudra Hindia

Océano Índico

Samudra Antartika

Océano Antártico

Samudra Arktik

Océano Ártico

Kutub Lor

polo norte

Kutup Kidul
....
polo sur

Antarktika
....
Antártida

bumi
....
Tierra

daratan
....
tierra

segara
....
mar

pulau
....
isla

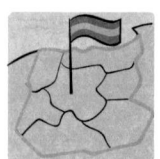

bangsa
....
nación

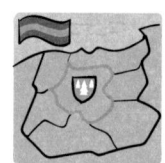

negara
....
estado

layar jam

esfera

dom jam

manecilla de las horas

dom menit

minutero

dom detik

segundero

Jam piro saiki?

¿Qué hora es?

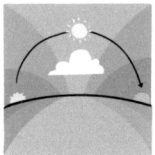

dina

día

wektu

hora

saiki

ahora

jam digital

reloj digital

menit

minuto

jam

hora

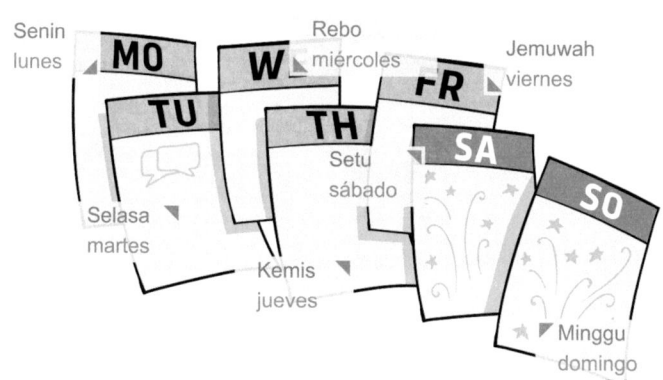

Senin
lunes

MO

Selasa
martes

TU

Rebo
miércoles

W

TH

Kemis
jueves

Setu
sábado

FR

SA

Jemuwah
viernes

SO

Minggu
domingo

wingi

ayer

saiki

hoy

sesuk

mañana

esuk

mañana

awan

mediodía

bengi

tarde

MO	TU	WE	TH	FR	SA	SU
1	2	3	4	5	6	7
8	9	10	11	12	13	14
15	16	17	18	19	20	21
22	23	24	25	26	27	28
29	30	31	1	2	3	4

dina kerja

días hábiles

MO	TU	WE	TH	FR	SA	SU
1	2	3	4	5	6	7
8	9	10	11	12	13	14
15	16	17	18	19	20	21
22	23	24	25	26	27	28
29	30	31	1	2	3	4

akhir minggu

fin de semana

udan es
lluvia

kluwung
arco iris

salju
nieve

angin
viento

musim semi
primavera

mangsa gugur
otoño

musim ketigo
verano

mangsa adem
invierno

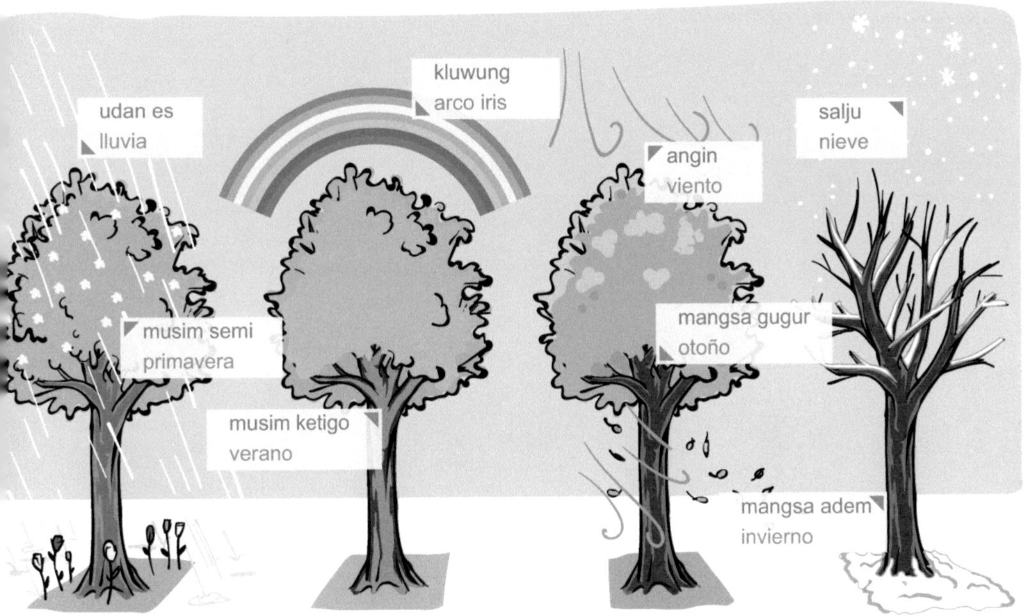

ramalan cuaca

pronóstico meteorológico

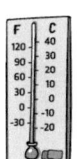

termometer

termómetro

srengenge

luz del sol

mendhung

nube

kabut

niebla

kelembapan

humedad

kilat

rayo

bledheg

trueno

badai

tormenta

udan es

granizo

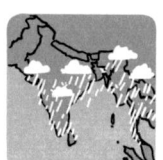

muson

monzón

banjir

inundación

es

hielo

Januari

enero

Februari

febrero

Maret

marzo

April

abril

Mei

mayo

Juni

junio

Juli

julio

Agustus

agosto

tahun - año

September
septiembre

Oktober
octubre

Nopember
noviembre

Desember
diciembre

bunder
círculo

kuadrat
cuadrado

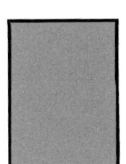

segi papat
rectángulo

segi telu
triángulo

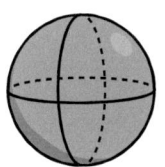

bal
esfera

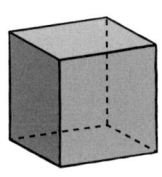

kubus
cubo

putih
blanco

kuning
amarillo

oranye
naranja

jambon
rosa

abang
rojo

ungu
violeta

biru
azul

ijo
verde

coklat
marrón

abu-abu
gris

ireng
negro

akeh / sithik

mucho / poco

nesu / kalem

enojado / tranquilo

ayu / elek

lindo / feo

pawitan / pungkasan

principio / fin

gede / cilik

grande / chico

padhang / peteng

claro / oscuro

sedulur lanang / sedulur wadon

hermano / hermana

resik / reged

limpio / sucio

pepak / ora pepak

completo / incompleto

awan / bengi

día / noche

mati / urip

muerto / vivo

jembar / sempit

ancho / angosto

iso dipangan / ora iso dipangan

comestible / no comestible

ala / becik

malo / amable

seneng / bosen

entusiasmado / aburrido

lemu / kuru

gordo / flaco

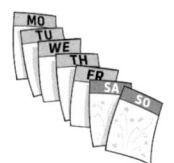

pisanan / pungkasan

primero / último

kanca / musuh

amigo / enemigo

kebak / kosong

lleno / vacío

atos / empuk

duro / blando

abot / enteng

pesado / liviano

luwe / wareg

hambre / sed

lara / waras

enfermo / sano

illegal / legal

ilegal / legal

pinter / bodo

inteligente / estúpido

kiwa / tengen

izquierda / derecha

cedhak / adoh

cerca / lejos

anyar / lawas

nuevo / usado

ora ana / ana

nada / algo

tuwa / enom

viejo / joven

urip / mati

encendido / apagado

buka / tutup

abierto / cerrado

anteng / rame

silencioso / ruidoso

sugeh / mlarat

rico / pobre

bener / salah

correcto / incorrecto

kasar / alus

áspero / suave

susah / seneng

triste / contento

cendhak / dawa

corto / largo

alon / banter

lento / rápido

teles / garing

mojado / seco

anget / adem

caliente / frío

perang / tentrem

guerra / paz

kontras - opuestos

0

nol

cero

1

siji

uno

2

loro

dos

3

telu

tres

4

papat

cuatro

5

limo

cinco

6

enem

seis

7

pitu

siete

8

wolu

ocho

9

songo

nueve

10

sepuluh

diez

11

sewelas

once

12

rolas

doce

13

telulas

trece

14

patbelas

catorce

15

limolas

quince

16

nembelas

dieciséis

17

pitulas

diecisiete

18

wolulas

dieciocho

19

songolas

diecinueve

20

rong puluh

veinte

100

satus

cien

1.000

sewu

mil

1.000.000

sak yuto

millón

basa Inggris

inglés

basa Inggris Amerika

inglés americano

basa Cina Mandarin

chino mandarín

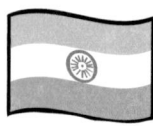

basa Hindi

hindi

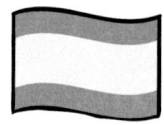

basa Spanyol

español

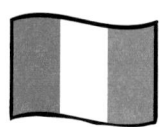

basa Prancis

francés

basa Arab

árabe

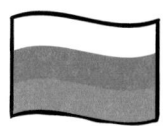

basa Rusia

ruso

basa Portugis

portugués

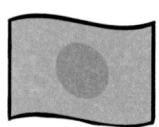

basa Bengali

bengalí

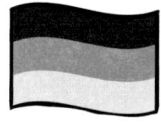

basa Jerman

alemán

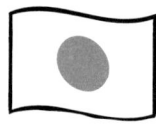

basa Jepang

japonés

aku

yo

kowe

vos

dheweke

él / ella

kita

nosotros

kowe kabeh

ustedes

dheweke kabeh

ellos

sapa?

¿quién?

apa?

¿qué?

piye?

¿cómo?

neng endi?

¿dónde?

kapan?

¿cuándo?

jeneng

nombre

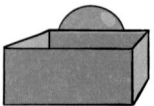

mburi

detrás

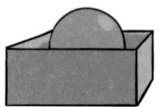

ing jero

en

ing ngarep

adelante de

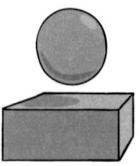

ing dhuwure

por encima de

ing

sobre

ing ngisore

debajo de

sisih

al lado de

antarane

entre

panggonan

lugar